COUVER UN ASTRE

DU MÊME AUTEUR

Sacré Paul, NiL éditions, prix du Premier Roman, 1995
Le Plus Jeune Métier du monde, NiL éditions, 1999
Fonelle et ses amis, NiL éditions, 2002
L'Amour dans la vie des gens, Stock, 2003
Le Savoir-vivre efficace et moderne, NiL éditions, 2003
Fonelle est amoureuse, NiL éditions, 2003
Sublime amour, Robert Laffont, 2005
Nouba chez les psys, J'ai lu, 2009
Otages chez les foireux, J'ai lu, 2009
À Moscou jusqu'au cou, J'ai lu, 2009
Grandir, Robert Laffont, 2010
L'Envie, Robert Laffont, 2011
La Vocation, Robert Laffont, 2016
Une apparition, Robert Laffont, 2017
Nobelle, Robert Laffont, 2019
Les Fables de la Fontanel, Robert Laffont, 2020
Capitale de la douceur, Seghers, 2021
Admirable, Seghers, 2023
Défilé au Louvre, Seghers, 2024

SOPHIE FONTANEL

COUVER UN ASTRE

Suivi d'un texte de Mathieu Lehanneur

ÉDITIONS SEGHERS

92, AVENUE DE FRANCE, 75013 PARIS
DÉPÔT LÉGAL : NOVEMBRE 2024
ISBN : 978-2-232-14816-3

Prologue

J'écris ces mots depuis mon appartement à Paris. La Boule est là, sur le bassin, dans le jardin des Tuileries, à la place où le monde entier l'a découverte et aimée un certain 26 juillet, sous une pluie battante.

Elle était allumée, elle est éteinte.

Demain, on commencera à tout démonter.

Que cela m'ait touchée, le fait d'avoir eu cette Boule sublime sous mes fenêtres durant des jours, le fait de l'avoir vue monter dans le ciel chaque soir à la nuit tombée, et de rester là, visiteuse inespérée, ce ne serait rien si ça n'avait rencontré notre besoin, à tous, d'élévation.

Si je ne m'étais pas dit, en la regardant et en nous voyant tous la regarder : Qu'est-ce qui nous arrive ?

En réalité, de quoi s'agissait-il ? D'un grand ballon rempli d'hélium attaché à un fil. D'ailleurs un ami lucide, finirait par me le dire, que ce n'était que ça : un jouet au bout du poignet d'un enfant.

Et pourquoi pas, après tout ? Mais alors il faudrait reparler de ce que sont les enfants et leurs jouets.

Comprendre où l'immensité commence, comment elle nous attrape.

Il faudrait parler de notre soif de sacré.

Aujourd'hui, on n'évoque plus le sacré qu'à propos des religions. Qui absurdement s'opposent. On l'a dissocié du reste, même de l'amour, et même de la confiance, et même de la paix. Même de la mort.

On a le sentiment que tout court vers la destruction.

Chaque jour, on en a presque la preuve.

Il y a quelques années, je m'étais mise à écouter en boucle une chanson de Leonard Cohen, écrite à la fin de sa vie. Le refrain, c'était : « *I was waiting for the miracle to come.* »

Qui cela n'aurait-il pas touché ?

On attend tous un miracle, en plus du reste.

De loin

Et pourtant, j'avais commencé par fuir.

J'habite une petite artère qui débouche sur la prestigieuse rue de Rivoli.

Comme beaucoup d'habitants du centre de Paris, les plus effrayés par les restrictions de circulation, je comptais déserter durant les jeux Olympiques. Pour symboliser les perturbations à venir, on avait planté juste devant chez moi, dans le jardin des Tuileries, une antenne envahissante, elle défigurait la vue.

« Elle est affreuse », avais-je dit à mon ami Vahram qui, au téléphone, me demandait de la décrire.

Des barrières métalliques jonchaient ma rue. Je m'en plaignais à qui voulait bien l'entendre.

« Je ne peux plus rentrer chez moi. »

J'exagérais, bien sûr.

On compatissait : « Ça va être impossible. »

Tant et si bien qu'à la fin j'en fus persuadée.

Je me disais : des jeux. Tu n'aimes pas jouer, en plus.

Je m'imaginais des feux d'artifice, alors que leur bruit m'épouvante.

Déguerpir.

Mon ami Vahram, au contraire, quittait la Bretagne pendant un mois pour venir à Paris « tout vivre ». Il avait l'intuition qu'une harmonie folle allait naître durant ces jeux Olympiques. Il croyait en cette communion.

« Le sport ! » s'enthousiasmait-il.

Lui, un artiste qui, même au bord de la mer, ne nageait pas.

Sans juger ma fuite à venir, il fit malgré tout valoir que la littérature – après tout, j'écrivais – avait été, un siècle auparavant, une discipline olympique, au même titre que le saut en hauteur.

Je crus que cela, il l'inventait. Je lui rétorquai :

« Je n'aime pas les compétitions.

– Mais, pourquoi ?

– Quand quelqu'un gagne, ça désespère les perdants.

– N'importe quoi ! Je vais venir chez toi voir cette antenne. »

Il la vit. Un pylône à vous défigurer un champ.

Grisé, il prophétisa : « Une force centrifuge ! »

J'ai emménagé là il y a dix ans.

La photo de seloger.com montrait une grande toiture grise et bombée comme les ailes d'une auto au premier plan d'un espace immense et vert : le jardin des Tuileries.

Le sublime jardin aux allées chaulées, aux fameux bassins ronds, dont l'un miroitait même sur la photo.

Cette vue était si impressionnante qu'elle aurait dû me dissuader de considérer l'annonce.

Il était évident que je ne jouais pas ici dans ma cour.

C'étaient quelques chambres de bonnes réunies.

La clarté de l'appartement venait à la fois de la hauteur de l'étage et du fait qu'il semblait n'être qu'une seule et même pièce en enfilade, constellée de fenêtres.

L'agent immobilier, sans un mot, en ouvrit une, de ces fenêtres. L'horizon entra dans la maison.

Au-delà du jardin même et de sa magnificence, on y voyait si loin que l'on resta immobiles, l'agent et moi, lui debout les mains dans les poches, moi adossée au montant de la fenêtre, car il n'y avait rien d'autre à faire.

« Il est pour moi, cet appartement, Monsieur. »

La veille de mon départ en vacances, des opérateurs firent cercle autour de la Boule qui n'était encore qu'une toile informe, comparable à celle des Zodiac. C'était le jour où ils la gonflèrent d'hélium. Et sans doute prit-elle sa forme, là, sous mes fenêtres, et je l'aurais probablement vue si j'avais tourné la tête.

Mais la tête, parfois, on ne la tourne pas.

Je ne vis pas ces femmes et ces hommes affairés. Je ne vis pas la Boule frémir, à des moments, galvanisée par cet hélium qui la décollait du sol. Je ne la vis pas, sphère complète, prestement attachée de tous côtés, pour être maintenue au sol.

Pour l'instant, c'était moi qui décollais.

Le soir de l'ouverture des jeux Olympiques à Paris, j'étais sur une île grecque avec des amis, nous regardâmes la parade, affalés dans de grands fauteuils en rotin, sur le port. Hélas, cela ne rendait rien sur l'écran pourtant géant du café. On avait plutôt le sentiment d'avoir de la chance, nous, bras nus en terrasse. Et puis, on entendait mal. Mes amis déclarèrent forfait.

J'allais m'en retourner à mon tour quand soudain, en reconnaissant le Carrousel du Louvre, je pris conscience que tout se passait non loin de chez moi. Les plus grands sportifs français se relayaient pour les derniers passages de flambeau. Deux d'entre eux avec une lame en guise de mollet.

Quand tous s'arrêtèrent pour l'ultime passation, on la vit.

Une boule monumentale, au centre d'un bassin que je reconnus, en bas de chez moi, à Paris.

Un plan de caméra révéla même mon immeuble. On allumait la vasque olympique sous mes fenêtres.

Je me levai d'un bond pour partager la nouvelle. Mais il n'y avait plus aucune personne de ma connaissance autour de moi.

Je pensai à la prophétie de Vahram : une force centrifuge.

Et toi, tu pars.

Je pensai à ma bêtise, à tout ce que l'on rate par paresse, par manque de curiosité.

« Et alors, me fustigeai-je, madame l'écrivaine – et je ne le disais pas pour me grandir, mais au contraire avec ironie pour me rapetisser –, c'est toi, supposée t'intéresser à tout, et qui viens te caler dans un fauteuil de rotin au lieu d'être au balcon du monde ? »

Mon téléphone vibra :

« T'as vu où est la Boule ? »

C'était Vahram.

Vahram, cela va de soi, était là-bas, à Paris, au cœur des choses, sous la flotte. Sous la flotte, mais il s'en fichait. Il me le proclama au téléphone.

Parce que là, c'était la France, la fierté. Et l'eau, des larmes de joie.

Il me disait tout ça, il était d'origine arménienne comme moi. Une fois nous avions fait ensemble le voyage jusqu'en Arménie. C'était lui qui avait voulu. Vahram ne se trompait jamais sur ce qui était important ou pas.

Là, au milieu d'une foule parlant toutes les langues, la force centrifuge le prenait tout entier.

De près

Je finis par rentrer à Paris.

Je n'étais pas revenue exprès, que je n'aille pas me vanter.

Toutefois, si cela peut m'excuser, je ne pensais qu'à la Boule en tirant ma valise derrière moi, au bout de ma rue. Il était très tard. Durant un long moment, je n'aperçus rien de spécial dans la direction du jardin.

Ce fut seulement lorsque j'arrivai en bas de mon immeuble qu'elle m'apparut, haute dans le ciel, au bout d'un fil.

C'était une chose qui, lorsqu'on l'avait devant les yeux, semblait encore irréelle.

Ce n'était pas sa taille qui défiait l'entendement, les fameux 22 mètres de diamètre dont on parlait partout (mais on aurait dit 200, ça n'aurait pas surpris), c'était simplement sa présence.

Elle était grise et dorée par la lumière qui flamboyait à sa base.

Magnétique.

Peut-être, si elle s'était balancée doucement, cela aurait-il eu un effet hypnotisant. Sans malice toutefois, elle était juste là, aussi étonnée que nous, d'une candeur qui vous attrapait le cœur.

C'est pourquoi on ne pouvait la quitter du regard.

Je n'étais pas la seule à le penser : malgré l'heure tardive, la rue de Rivoli était parsemée de gens, la tête levée vers l'astre. Certains filmaient, évidemment, ils envoyaient des images dans le ciel des ondes.

Et puis, ils cessaient de le faire. Ce n'est pas que cela ne rendait pas, c'était que rien ne valait l'admiration simple.

De temps en temps, seuls les yeux comptent.

« Eh, c'est à nous, tout ça ? »

Il venait de le crier dans mon dos, ça me fit sursauter. J'eus un mouvement de recul car l'homme était saoul, et c'était la nuit malgré tout. Mais déjà, il avait oublié m'avoir parlé. Mal assuré sur ses jambes, il n'avait d'yeux que pour la Boule.

Oui, c'était à nous, tout ça.

Sauf qu'une fois chez moi, en ouvrant la fenêtre, j'eus vraiment la Boule à mon adresse.

Elle était complètement offerte, sans plus rien ni personne pour nous déranger.

Je pensai : *Mon Dieu, il ne fallait pas me faire ça à moi...*

Si elle restait là, si elle était vraie, ou même si elle était fausse, il était certain que j'allais vouloir la rejoindre !

Depuis l'enfance, dans un rêve récurrent, je me voyais voler. Avec aisance et bonheur. Si mes pieds touchaient le sol, ils y prenaient appui comme sur un trampoline et je repartais toujours plus haut.

C'était ma plus grande joie. Mais on grandit, et j'avais appris à me méfier de mes élans.

Je mis les mains devant mes yeux comme pour me protéger.

Des gens savent monter et redescendre.

Des gens s'extasient, leurs yeux brillent, et après ils se calment, ils ont de nouveau les pieds sur terre.

Moi, si tu me gonfles à l'hélium, bientôt je me détache et je ne peux plus que monter, et l'on ne me reverra jamais.

Il y a pour cela des livres que je ne peux relire.

Je ne peux pas relire *Peter Pan*, le conte de James Matthew Barrie, je m'identifie trop à cet enfant qui part voler dans la nuit, laissant tout derrière lui.

Je ne peux pas relire *Vol de nuit*, le roman d'Antoine de Saint-Exupéry, je m'identifie trop à ce pilote qui ne peut résister à l'appel des hauteurs, dans la trouée d'azur au milieu de l'orage.

Le danger, oublié.

Elle était l'image parfaite de la non-violence, cette Boule dont le feu, à la base, n'était pas du feu – et ça, je l'avais lu également –, cette Boule qui ne brûlait rien, cette Boule qui ne détruisait rien.

On aurait presque eu peur pour elle. Il en fallait, de l'insouciance, pour s'élever comme ça à découvert. Il en fallait, de la foi en l'humanité, pour croire que ça allait se passer sans heurt. On connaît trop le sort que nous réservons à ce qui est non-violent. Combien de ballons d'amour pulvérisés d'une balle ?

Tous.

Mais nul tir.

Cela faisait déjà plus d'une heure que j'étais assise à la fenêtre.

Maintenant, la Boule redescendait lentement.

Elle regagna son socle au milieu du bassin, son panier magistral. Elle brillait comme une tête d'enfant endormi, plaquée contre la vitre d'un véhicule, et qui ne saura jamais à quel point on l'admire.

Et moi, je restais là, à la contempler.

« Royal au bar », disait ma mère, quand on trouvait deux chaises près du bassin, en bas, et qu'on déballait les sandwiches.

Ma grand-mère avait traversé le génocide arménien en Turquie. Elle y avait perdu des membres de sa famille, et même son patronyme, éteint dans le massacre. Elle préférait ne pas en parler, se contentait de porter obstinément du noir, quarante ans après les faits. Et s'il lui arrivait malgré tout de me livrer des bribes de sa tragédie, quand j'avais su adroitement l'amener dans l'antichambre du récit, voire dans le récit même, je lui voyais un air triste tout au long de la journée qui suivait, un air que plus rien ne pouvait alléger. Je m'en voulais. J'avais rouvert son chagrin. Son pauvre père assassiné, non seulement n'était pas ressuscité, mais pire encore : il mourait de nouveau au bout de sa corde.

On ne partage pas un grand malheur.

En revanche, un grand bonheur, on peut : je postai la Boule sur Instagram.

J’écrivis :

« Voilà, je suis là, c’est devant mes fenêtres même si je n’en crois pas mes yeux. Et ça vit. Je le jure, que ça vit. »

Le lendemain matin, mon premier mouvement fut d'aller vérifier.

Oui, elle était là. Pimpante et argentée sous le soleil. Elle prenait tant de place que, d'en haut, et de jour, on voyait à peine le bassin sur lequel on l'avait installée. C'était comme si elle avait toujours été là et que le reste, les historiques symétries du jardin, n'avait fait qu'obéir à une Boule, depuis toujours.

Une espèce de nombre d'or régissait les proportions de cet ensemble. Un homme avait pensé une rondeur. C'était un frère. J'y pensai, fugitivement.

Puis, j'allai regarder les commentaires sous le post fait dans la nuit.

Ce que je trouvai là ? Une corbeille miraculeuse. Un pays entier contemplait cette Boule, et plus qu'un pays, une planète. Ils le disaient dans toutes les langues possibles et imaginables, qu'eux aussi, même par écran interposé, ça les emportait, eux aussi des Peter Pan, eux aussi *Vol de nuit*, eux aussi le trampoline, c'est cela que ça voulait dire.

L'extase ricochait de cœur en cœur.

Nous n'étions plus seuls.

Une personne avait écrit : « Quelle chance d'habiter cette cellule de contemplation. »

Oui, quelle chance.

Que le destin ait mis une telle splendeur presque à portée de ma main, quel horoscope aurait pu le prédire ?

Je pensais à mes grands-parents arméniens sur le bateau de l'exode. Des réfugiés sur la mer grecque. Des apatrides ainsi que, durant des années, leurs passeports étrangers le confirmaient.

Je pensais à mon père qui, adolescent, vendait du poisson et avait remarqué que les filles le fuyaient. Parce que l'odeur, elle ne partait pas.

Je pensais à ma mère qui disait : « L'important, c'est la vue. »

J'ai décidé d'habiter seule à l'âge de vingt et un ans. Dès que ma mère entrait chez moi, au gré des appartements que je me trouvais, elle menait son inspection à la vitesse de l'éclair : « Y a pas la vue. »

« Une vue à 360 », c'était ça, son rêve.

Elle avait regardé un jour à la télévision un reportage sur un appartement parisien à vendre place de l'Étoile, une maison moderne posée sur le toit d'un immeuble, dont on pouvait faire le tour en longeant bassins et plates-bandes.

Elle savait bien qu'à nous, moi, fille d'un représentant de commerce en jouets et, elle, son épouse, un tel standing ne serait probablement jamais permis, mais elle appréciait qu'on vise haut.

Elle aimait bien fanfaronner avec des perspectives.

Et puis, elle est morte.

La semaine de son enterrement, on sonna à ma porte. Je tombai nez à nez avec la propriétaire du deux-pièces que je louais à Saint-Germain-des-Prés. Une femme très âgée. Elle était hirsute et échevelée au point que ses habits semblaient l'être de même, pleins d'accrocs et de fils tirés.

« Voilà, je reviens vivre ici », me lança-t-elle, avec une brutalité qui ressemblait à une supplique.

J'étais en train de passer une semaine si surnaturelle que ce bouleversement annexe me sembla vraiment « dans l'ambiance ».

« Ne vous inquiétez pas, Madame : je vais débarrasser le plancher. »

La femme partie, j'ouvris mon ordinateur.

Je me souviens d'avoir pensé : *Eh, ma mère, où que tu sois, c'est le moment de prouver tes pouvoirs.*

Juste après sa mort, je me la figurais en suspens non loin de moi, au-dehors, pas complètement disparue, peut-être n'allant jamais vraiment se volatiliser, peut-être envisageant de rester dans l'air, au cas où.

Au cas où.

Sur seloger.com que je consultais pour la première fois de ma vie, je tapai :

« Vue Tuileries, 60 m^2 ».

Dans *Comédie érotique d'une nuit d'été*, de Woody Allen, un personnage qu'il interprète lui-même invente des objets volants. Ainsi apparaît-il à la fenêtre d'une femme, pédalant sans relâche sur son vélo, qui, sinon, s'écraserait au sol.

Les vivants font ce qu'ils peuvent.

Les morts, ce qu'ils veulent.

Le soir, j'étais là, à mon poste. J'avais lu que la vasque olympique s'élevait tous les jours à la tombée de la nuit, et je voulais filmer l'ascension depuis mon panorama de compétition.

Le plus imperceptible mouvement du côté de l'astre m'amenait à remobiliser ce pauvre téléphone. Sa batterie se dévidait comme un sablier. Le fabuleux moyen de communication n'était pas de taille face à une telle attente.

Je me raisonnai : tu vois bien, là-bas, ce sont des cordes arrimées à des plots. Tu vois bien que cette Boule est maintenue attachée. Tu vois bien qu'elle ne s'évadera qu'une fois détachée. Et tu vois bien que cela prendra du temps de libérer une si grande chose.

Ainsi, tranquillisée, je m'éloignai de la fenêtre et partis en chantonnant à travers l'appartement.

On ne devrait jamais sous-estimer les prodiges. Cette courte absence suffit à ce que, revenant à mon poste, je découvre la Boule, toute délivrée de ses liens, déjà éloignée du sol.

Une chose qu'on désentrave.

Une chose qui monte, brave, humble. De plus en plus petite à mesure qu'elle gagne le ciel.

Une chose adorable et prometteuse dans ce monde dont on ne peut plus ignorer aucune horreur.

Une bulle d'air.

Dans un silence total.

Mais quand la Boule là-haut se stabilisa, quand on comprit qu'elle était à sa hauteur maximale, alors il y eut une clameur suivie d'un tonnerre d'applaudissements, prouvant que le quartier était truffé d'âmes, dans les rues, sur les quais, aux balcons, sur les toits, partout.

La Boule scintillait dans la nuit, dans cet amour.

Ma bouche s'ouvrit, et je le déclamai, dans le vide :

« C'est la plus belle chose que j'aie vue de ma vie ! »

Étudiante, j'ai acheté un livre simplement pour la raison que le titre en était *Un truc très beau qui contient tout.*

Il y a quelques années, je suis tombée amoureuse. Il était italien, vibrionnante personne qui semblait parler toutes les langues à la fois, ayant un accent dans toutes, même la sienne. Peu habituée au contact physique, j'accorde à la voix, à l'intonation et à l'élocution une importance disproportionnée.

Et c'est cette voix qui se dépoitrailla pour moi le soir de notre rencontre, dans une avenue parisienne. Soudain, et j'écris « soudain », parce que cela m'arrivait si peu souvent, pour ne pas dire jamais, son torse partiellement découvert me fascina au point qu'il me sembla le voir scintiller. Cela faisait comme les coffres que l'on ouvre, dont le contenu darde ses feux.

Dès qu'on aperçoit une planète, on est heureux.

Il n'était pas si tard.

Franchement, je ne savais que choisir, entre rester chez moi, seule à jouir de mon irremplaçable point de vue, et descendre, pour être seule au milieu des autres.

Tout d'abord, je me contentai de poster l'ascension que je venais de filmer. Cela me ressemblait de demeurer là, dans mon coin, si je puis dire, et de m'adresser de loin aux gens qui me « suivaient ».

J'écrivis : « Et maintenant je pense à une âme. Un jour, ça s'élève, mais ça reste quand même attaché à la terre. Ça met du temps à partir. »

Je cherchais ma mère dans l'horizon nocturne au-dessus des Tuileries. Apparemment, elle n'était pas dans les parages.

En bas, la foule restait dense, comme en attente d'un autre événement.

On inspirait mieux.

Et l'on avait confiance en quelque chose.

En montant, la Boule avait ouvert une respiration.

C'est pourquoi je remisai mon téléphone et descendis dans la rue.

De plus près

Il y avait tant de monde, cela faisait comme un jour.

Je me dirigeai où la foule était la plus dense, sur l'esplanade, entre le Carrousel du Louvre et les grandes grilles du jardin.

La plupart des gens allaient en groupe.

Des grappes d'enfants, accrochées aux parents, des bandes d'amis, assis par terre, certains couchés sur la pelouse, un sac sous la nuque pour voir la Boule, certains avec des guitares, certains, des tambourins.

D'autres, bras ballants, estomaqués.

Un monde.

Les solitaires, nous savons nous reconnaître. J'en repérai quelques-uns, nimbés de cette aura des gens de mon espèce, cet espace autour d'eux.

Des gens sans famille. Ou la leur était loin. Ou pas là à cet instant, en tout cas.

Des gens comme sortis d'une cave, et la cave était leur vie, qui ne rencontraient personne, étonnés de se trouver au milieu des autres sans se sentir de trop.

Des gens qui se mettaient au flanc d'un attroupement, tels ces enfants, dans la cour de récréation, qui attendent l'amour en lisière du jeu.

Quelqu'un me reconnut : « Je vous suis sur Instagram. »

Les liens en ce monde sont divers et variés.

Un vendeur à la sauvette, les yeux luisants au milieu de son visage noir.

Dans cet espace dûment surveillé, il avait déjà réussi le prodige de ne pas se faire refouler. On comprenait que cela ne comptait absolument plus pour lui car ce qui comptait, c'était d'être aux premières loges.

Le cortège d'infortune qui l'avait mené là, à vendre des bouteilles d'eau à des gens dont il ne croisait jamais le regard, s'atténuait dans la contemplation d'un astre.

« C'est beau, lui dis-je, un peu bêtement.

– Oh oui, Madame... »

Un francophone.

Un garnement s'emballa. Il avait la bonhomie de ces blagueurs qui font le loup devant les filles.

Il exprima le sentiment général en se mettant à chanter, un bras tendu vers la Boule : « Pour un flirt, avec toi, je ferais n'importe quoi ! »

C'était si drôle et sympathique, cela résumait si bien l'élan que l'on pouvait éprouver devant l'objet de l'amour, là-haut, que des gens aussitôt entonnèrent la chanson, et bientôt une vingtaine de personnes étaient là à reprendre en chœur le refrain : « Pour un petit tour au petit jour entre tes bras... toudou doudou toudou doudou. »

Jugeant que cela ne suffisait pas, on tournait sur nous-mêmes en chantant. Je dis « on » car bien évidemment je le fis aussi.

C'était si facile.

Il est vrai que les amoureux, qui tournaient à deux, revenaient le plus vite possible se regarder dans les yeux, mais il n'était pas gênant de tourner seul.

Oh Seigneur, il tournait lui aussi, les bouteilles d'eau à ses pieds. Enfin accueilli.

L'enfant n'avait pas quatre ans. Il suppliait sa mère de le prendre sur ses épaules. Elle avait beau lui expliquer que la Boule ne lui apparaîtrait pas mieux s'il était en hauteur, il n'en croyait rien.

« Tout à l'heure, on l'a fait !

– Tout à l'heure, mon chéri, le ballon n'était pas dans le ciel. Maintenant, si. Il n'y a pas besoin d'être porté pour le voir.

– Je veux aller en haut sur tes épaules.

– Non. Nous sommes tous logés à la même enseigne, ajouta-t-elle, pensant évacuer ces enfantillages en parlant à son fils le langage abscons des adultes.

– Tu dis n'importe quoi ! » lui lança l'enfant.

Perspicace.

« Si vous voulez, je peux le prendre sur mes épaules, moi, le petit… » proposai-je.

Elle montra un zeste de méfiance.

Mais l'enfant voulait être en hauteur, et elle était venue là pour lui offrir des souvenirs.

« Il est lourd, me dit-elle.

– C'est pas vrai ! cria l'enfant.

– Ne vous inquiétez pas, j'ai l'habitude », la rassurai-je.
C'était un mensonge.
« Veux-tu qu'on essaie ? demandai-je à l'enfant.
– C'est plus près, en haut ? »
Il ne savait plus trop, à présent.
« C'est toi qui me diras, si tu montes. »

Je le tenais aux poignets pour le stabiliser. La douceur de sa peau me troubla.

C'était cela, la vie des gens, le contact avec un épiderme d'une fragilité immense. La douceur.

« Alors, tu es plus près de la Boule, Jacques ?

– Je suis plus près que les autres enfants ! »

Si maintenant, on me regardait, on pourrait me croire faisant partie d'une famille normale.

Mais la Boule là-haut pencha légèrement, dubitative. Elle avait manifestement quelque chose à dire à chacun. À moi, elle disait que je n'avais pas à être normale, que je n'étais même pas anormale.

« Elle te parle, à toi, la Boule ? demandai-je à l'enfant.

– Tout le temps.

– À moi aussi.

– Ah bon ? À toi aussi ? »

C'est le propre des grands charmeurs, que de convaincre chacun que le charme lui est personnellement destiné. Et c'est ce que faisait la Boule ce soir-là, à l'enfant sur mes épaules, à sa mère, à moi, à toutes celles et à tous ceux autour de nous ou chez eux, devant un écran, qui flirtaient avec la splendeur.

Toutes et tous remarqués par un astre.

Et, bien sûr, le lendemain je repris mon poste à la fenêtre.

C'était complètement fou de vivre devant un tel objet.

Était-ce un objet d'art ? J'avais entendu quelqu'un, à la radio, faire la différence entre un objet et une œuvre, au sujet de cette vasque olympique. Il y mettait une mesquine nuance de connaisseur. Je suis certaine que c'était sans grand succès auprès de l'auditoire. Art ou pas, personne n'aurait eu l'idée de dénier à cette Boule la puissance de son chant.

À un moment, pour ne pas s'avouer vaincu, il avait dit qu'il serait ardu d'estimer l'objet. Et que, ça, c'était un signe.

Un industriel, qui avait fait fortune dans la mode, me faisait visiter son appartement avant le dîner. On passait en revue des œuvres d'artistes que même moi, pourtant peu versée en art contemporain, je reconnaissais.

Je m'arrêtai devant une toile de Damien Hirst. Le portrait d'un homme nu, surgi de la peinture des grands maîtres du Quattrocento, était partiellement recouvert de gommettes multicolores, comme celles que l'on colle sur les étiquettes, au moment des soldes. Je ne dis pas cela pour ironiser, d'ailleurs une puissance incompatible avec toute ironie émanait du tableau.

Je pensais au bonheur que cela devait être, de se trouver assis dans son salon devant une telle œuvre. À la chance qu'on avait d'entrer peu à peu – on avait tout le temps – dans le mystère contenu là. À ce qu'est l'art. À ce que cela signifie, dans la vie d'un homme, d'apposer des ronds sur des toiles, à la perfection de ces ronds, à leurs multiples couleurs, à l'espèce d'optimisme qu'ils contenaient et qui venait comme des pansements sur l'homme en dessous, en souffrance.

Le propriétaire de ce Damien Hirst me donna une bourrade : « Dis voir un prix, pour voir. À ton avis, à combien je l'ai touché, celui-ci ? »

Que les merveilles, d'une manière ou d'une autre, soient à nous tous, c'est cela qui n'a pas de prix.

C'était justement ça, la Boule : une chose que tout le monde pouvait s'approprier.

Non, elle n'était pas là parce que quelqu'un avait les moyens de se l'offrir. C'était cadeau, comme on dit.

On le sentait tous.

Et voilà, les photos de l'objet miraculeux inondaient les réseaux sociaux. Une intimité spontanée se créait entre l'astre et nous. Tout le monde était concerné.

Et ces images, que montraient-elles ?

L'astre de jour comme de nuit. L'astre au ciel ou au sol. L'astre au bout d'une rue, en perspective. L'astre en arrière-plan d'un portrait de famille. L'astre, l'astre, l'astre.

Et puis les gens comprirent qu'il était possible aussi de se photographier de manière à donner l'illusion que, du bout d'un doigt, on maintenait soi-même le ballon en hauteur.

Là, il était vraiment à nous.

Presque notre œuvre.

Un prodige en tout cas qu'on savait accomplir.

De toute manière, tout devenait possible.

Aux jeux Paralympiques, on vit des hommes sans bras ni jambes filer dans l'eau tels des têtards.

On vit un homme se propulser sur une seule jambe, d'autant plus qu'il n'avait pas l'autre, et s'élancer miraculeusement pour sauter une barre.

On vit des non-voyants jouer au football, guidés par le seul son de la clochette dans le ballon et des cris amis. Et l'on vit, pour ne pas les gêner, dans le stade, le public inventer une ola silencieuse.

Chacun élevait une Boule.

À ma fenêtre, j'avais le sentiment de couver un astre.

Les gardiens de phare sont des solitaires. J'avais vu un documentaire sur le sujet. Dès le départ, on comprenait que ce n'était pas une existence comme les autres, que c'était une vocation, là-bas, au bout d'un monde. Un des gardiens disait avoir la vue sur l'infini. Lui dont le rôle principal était de veiller sur un bâtiment que l'on devait voir de loin, ce dont il était le plus fier, c'était l'horizon déployé devant lui. Que des hommes, sur leur bateau, soient infiniment soulagés de voir clignoter la lumière du phare, cela n'avait pas l'air de tellement compter.

Cela m'importait-il, qu'on me voie de loin ?

Sans doute, puisque 400 000 personnes me suivaient sur Instagram. On n'a pas tout cela sans le vouloir un peu.

De tout près

C'était le cinquième jour après mon retour à Paris.

Au petit matin, un message de Mathieu Lehanneur justement sur Instagram :

« Et si vous veniez la voir de près ? Histoire d'avoir un autre point de vue... »

Je ne connaissais pas cet homme, l'inventeur de la Boule.

Aux câbles qui maintenaient l'astre au sol, il fallait désormais en ajouter un, d'un autre genre, qui allait jusque chez moi, lancé comme ça, sur mon quai, par une âme, à la volée.

Un protocole régissait les déplacements aux abords de la vasque.

Si l'on était invité, on devait se présenter à un angle du jardin, muni d'une pièce d'identité. Je ne fus pas étonnée que cette entrée se trouvât pour ainsi dire devant ma porte. Ça coulait de source. Je fus davantage surprise en comprenant que ce n'était pas une plaisanterie, il y avait bel et bien mon nom sur la liste.

Et l'on entra, moi et Lisa, l'amie qui m'accompagnait, dans cette partie du jardin à laquelle, durant les jeux Olympiques, quasiment personne n'avait accès.

J'avais emmené Lisa, parce qu'elle était enceinte. Elle ne cessait de répéter : « Je suis une boule. »

En entrant dans le jardin, Lisa me rappela que, quelques années auparavant, elle et moi nous étions trouvées enfermées ici même aux Tuileries.

Nous assistions à une conférence sur le photographe Philip Halsman au musée du Jeu-de-Paume, là-bas, vers la terrasse des Feuillants. On y apprenait pour quelle raison Philip Halsman avait tenu à photographier des gens en train de sauter en l'air. C'était parce que, en sautant, on perdait contenance.

La conférence terminée, les grilles du jardin étaient fermées. On nous avait oubliés.

Il fallut patienter une heure avant qu'on nous libère.

Pour tuer le temps, je proposai qu'on essaie de se prendre en photo en train de sauter. L'idée emballa tout le monde.

Hélas, même si ça semblait simple, on se rendit compte qu'il n'est guère facile de capturer ce moment d'apesanteur.

On perdait contenance, certes, mais tout ce que l'on contenait d'autre nous empêchait de monter bien haut.

Et surtout, une fois en haut, d'y rester.

L'allée dans laquelle on s'engagea était ceinte de barrières. L'espace restreint, sous les feuillages luxuriants de marronniers obstruant la vue, donnait l'impression que d'ici, finalement, on verrait tout moins bien.

Mais quand on fut enfin à découvert, la Boule se dressa devant nous, vaste à n'y pas croire, d'une texture qui semblait irréelle. Sa couleur : champagne.

Pourtant, la tête amie qu'il me semblait, de ma fenêtre, voir acquiescer, se parait soudain d'une aura beaucoup plus énigmatique.

Un ovni.

L'ultime cordon de sécurité était un simple ruban. Il était évident que personne n'aurait osé s'avancer plus près.

Lisa avait posé les deux mains sur son ventre. Elle les retira pour laisser la Boule rencontrer la sienne, l'astre qu'elle-même couvait.

Elle se mit à l'écart, je la laissai faire. Elle marchait lentement et, de temps en temps, comme quelqu'un qui, se sachant observé, finit par tourner la tête, elle inclinait le menton et lançait un regard vers la Boule.

Peut-être la fin du monde ne ressemblera-t-elle pas à ce que l'on montre dans les films. Peut-être sera-t-elle calme et accueillante, douce et paisible, et va-t-elle nous avaler, mais heureux, le cœur léger, libérés de tout, comme dans ce halo que décrivent certains témoins ayant approché la mort, d'ailleurs. Et l'on se demande ce qu'ils ont pu fumer, pour raconter ainsi l'immensité qui nous attend.

Lisa revint. Elle n'avait plus besoin d'être seule. Elle me montra une ligne noire en lisière de ce jardin au sol si blanc : c'était la foule.

Une colonne de fourmis qui, devant les grilles, épaississait à vue d'œil.

Et nous étions là, de l'autre côté.

Je pensais à Vahram, attristée de ne pouvoir vivre cela à ses côtés.

C'était il y a six ans, les honneurs de la République française rendus à Charles Aznavour, dans la Cour d'honneur des Invalides. On m'avait invitée car j'avais travaillé pour lui, à une époque. Même là, pour un mort, les places étaient chères et mon frère, qui idolâtrait Aznavour autant que moi, n'était pas sur la liste des invités. Il devait se contenter de regarder la cérémonie sur un écran géant, depuis l'esplanade des Invalides.

Il avait dit : « Tu me raconteras ! »

Il me manquait. Dans la Cour d'honneur, l'orchestre de la Garde républicaine avait joué *Emmenez-moi* tandis que des porteurs marchaient au pas avec une majesté qui vous faisait sortir le cœur de la poitrine, je ne savais quel bras serrer.

À la sortie, mon frère : « J'ai pleuré quand les militaires ont porté le cercueil. Pas toi ? »

Il était aussi long que la Boule était ronde, droit dans un manteau clair, avec quelque chose de rêveur, d'ingénu.

Timidement, j'appelai : « Mathieu ? »

Il se retourna et ouvrit les bras.

Une amitié immédiate.

Au début, il ne savait pas que cette Boule allait faire, à lui comme aux autres, un tel effet.

C'est le soir de l'Ouverture des Jeux qu'il en prit la mesure.

Il avait voulu vivre la cérémonie depuis le musée d'Orsay, parce que le musée faisait face à la Boule. Et il voulait observer chaque détail du prodigieux mécanisme à l'œuvre.

Quand la Boule s'éleva, sa fille de quinze ans fut prise de sanglots. Et tout le temps de la montée, elle fut secouée, et tant pis pour les gens qui la voyaient pleurer, et tant pis de ne pas savoir se tenir, tant pis pour le regard des autres. Lui, il essayait de l'envelopper dans ses bras, sans forcer. Et la Boule continuait sa montée.

De toute manière, tout le monde pleurait.

Alors il s'était dit : *Qu'est-ce que j'ai approché là ?*

Dans ses recherches, il avait lu que, durant l'Antiquité, la flamme olympique s'allumait avec les rayons du soleil. Et que cette tradition perdurait.

À Olympie, dans les ruines du temple d'Héra, au moment où le soleil est à son pic, de nos jours on dispose une mèche au creux d'un miroir parabolique.

La mèche finit par prendre feu. Ainsi embrase-t-on le premier flambeau.

Et il avait pensé qu'il serait beau qu'après avoir parcouru 12 000 kilomètres, traversé tant de pays, après avoir été acheminée par 11 000 porteurs, cette flamme née du feu du soleil retourne, à Paris, vers un astre.

C'est ainsi qu'il avait pensé à une boule.

Ce qu'il avait approché : une énergie absolue.

Cette énergie avait beau sembler détenue dans la Boule, comme sous la toile d'un magicien, il savait bien, lui, qu'en réalité elle était ailleurs.

Mon ami Vahram m'avait raconté qu'un soir où il s'était rendu aux Tuileries voir la Boule, tandis que chaque personne, autour de lui, n'avait d'yeux que pour l'astre dont on guettait le frémissement, il avait remarqué un homme.

Cet homme était le seul, accoudé à une barrière, à tourner le dos à l'astre.

Cet homme, c'était Mathieu Lehanneur.

Face à la foule.

Face à un miracle.

On ne peut pas accomplir un miracle.
On n'en peut qu'en constater un.

Les miracles, à quoi tiennent-ils ?

Déjà, pour commencer, la Boule aurait pu ne pas être attachée ici, visible de tous. Elle aurait dû – du moins cela avait été une option – se trouver dans la cour carrée du Louvre, un lieu clos si on le compare aux Tuileries.

« Tu te rends compte, me dit Mathieu, personne ou presque n'aurait pu la voir décoller. Ç'aurait été beau quand même, quand elle aurait dépassé le toit du musée, mais... ça n'aurait pas été la foule, ça n'aurait pas été les 25 000 personnes tous les soirs, et la vue pour tous, et les pique-niques improvisés, les gens ensemble, là, à attendre quelque chose qui va arriver à coup sûr... »

À notre époque, qu'attend-on « qui va arriver » ? Eh bien, je vais vous le dire : la désagrégation de toute forme de vie.

Nous sommes cernés.

Les guerres s'étendent.

Les océans sont remplis de plastique.

Le continent africain regorge de nos rebuts.

Des réfugiés climatiques meurent en mer, pas dans un ouragan, plutôt par la seule faute du dérèglement de notre humanité.

Des peuples se crispent.

Des hommes lancent de l'acide sur la nuque des femmes, cela tient à un cheveu qu'ils ont cru voir.

Des pays se ferment à l'espoir.

Des pays se ferment tout court.

Des gens sont annulés, on n'a même plus besoin de les tuer.

Des rires sont impossibles.

Les horreurs sont nos seules distractions.

Et Mathieu Lehanneur devant son ballon :

« On va pouvoir décoller ce soir. »

Un homme s'affairait autour de gros plots, auxquels le ballon était arrimé. Il était précisément en train d'accomplir cette tâche que je guettais chaque soir depuis ma fenêtre : il détachait les cordages.

Un autre arpentait le cœur de la vasque. Marchant dans le feu qui n'en était pas un avec ses hautes bottes, il envoyait devant lui de grandes giclées d'eau.

Un autre parlait dans un talkie-walkie. Il m'adressa un grand sourire : « Ça vous change, hein ? »

Et, de là, m'apprit que tous, ici, savaient que j'étais le soir là-haut, à ma fenêtre.

Construire de telles embarcations était son métier.

Il m'enseigna que la montgolfière était une invention française des frères Mongolfier, les fils d'un papetier.

Il m'enseigna qu'un jour, l'un des frères, ayant jeté une feuille de papier dans l'âtre de la cheminée, l'avait vue voler.

Il m'enseigna qu'après le papier, on avait essayé de faire voler une chemise. Elle avait volé.

Il m'enseigna que les premiers passagers d'un vol de montgolfière avaient été des animaux, revenus indemnes du ciel.

Il m'enseigna que, pour voir s'élever la première montgolfière embarquant des humains, 400 000 personnes s'étaient réunies ici même autour du jardin des Tuileries, en 1783.

Il m'enseigna que le vent est l'ennemi des montgolfières, bien plus que la pluie.

Il me montra, sur son téléphone, une carte des vents. « La plus simple », disait-il, encore qu'elle me parût illisible.

Ce devaient être des journalistes, non loin de Mathieu Lehanneur, car tous avaient l'instinct du détail.

Et ils voulaient savoir, à propos de la Boule :

« Combien pèse-t-elle ? »

Il disait : 900 kilos.

« Quelle taille fait-elle ? »

Il disait : 22 mètres.

Il disait : « 22,4, pour être précis. »

« Et la vasque au total ? »

Il disait : « 2,2 tonnes. »

Ce ballon, il devait alors en parler comme un pédiatre d'un bébé, sans trop de sentiment puisqu'on ne lui en demandait pas.

« Comment marche-t-elle ? » demanda quelqu'un.

On l'exhortait de révéler le secret de son tour de magie, et il le révélait, allez.

Les 7 mètres de diamètre de l'anneau. La flamme sans combustible. Un puissant flux de lumière sur un nuage d'eau. L'illusion de fumée provoquée par la brumisation de 400 buses. Les 40 projecteurs pour créer cette impression de flambée.

S'il espérait une question qui le gonflerait d'air, et le mettrait, lui aussi, en apesanteur, il n'en laissait rien paraître.

On y était.

Quelqu'un, dans un talkie-walkie, fit un décompte.

« Cinq, quatre, trois, deux, un... et montée normale. »

Est peut-être normal, ce qui, bien qu'extraordinaire, trouve une harmonie.

Elle monta cette fois-ci en même temps qu'une clameur.

Parce que c'était une fin de journée particulièrement bien dessinée, avec du rose dans le ciel au milieu de nuages.

Parce que le soleil était couché mais pas complètement. Ce n'était pas la nuit noire.

Parce que, s'exclamer, au fond, on avait tous compris qu'on pouvait le faire en filmant.

Parce que cette soirée clémente réunissait tout : l'insouciance de l'été, la disponibilité des esprits.

Parce que la grosse sphère, sans avoir à le dire, réapprenait aux hommes le cercle des proportions parfaites de Léonard de Vinci.

Parce qu'elle rappelait les globes terrestres qu'on offre aux enfants pour leur dire qui ils sont.

Parce que, comme ça, le soir, le soleil avait rendez-vous avec la lune.

Parce que les boules divinatoires existent depuis les druides et que ça nous importe, d'une manière ou d'une autre.

Parce que nos yeux sont des billes parfaites.

Voir un ballon s'élever nous procure une joie d'enfant.

Mais on se disait tous, aussi : *Ça va s'arrêter où ?*

Malgré le fil tendu, le mouvement avait toujours l'air de se poursuivre encore un peu, de son propre chef.

D'ailleurs, chaque fois, quand la Boule s'arrêtait, la clameur s'intensifiait comme devant un record battu.

« Mathieu, comment peux-tu être certain qu'elle ne va pas se décrocher ?

– Elle veut se décrocher, Sophie. Elle le veut de toutes ses forces. Regarde. »

Et c'est vrai, une force infatigable tirait sur le fil. C'est pour cette raison qu'on sentait une vibration.

Tout ce que j'avais pu penser, sur le fait qu'elle désirait, cette Boule, être avec nous, qu'elle était notre visiteuse, eh bien, maintenant, je voyais de mes yeux que c'était faux. Ce que voulait cette Boule, c'était s'élever.

6 200 mètres cubes d'hélium, ça ne veut que rejoindre le ciel.

« Qu'est-ce qui se passerait, si la corde lâchait ? La Boule finirait par se dégonfler et retomber ?

– Non. Elle filerait droit là-haut, dans l'atmosphère. »

C'est ma scène préférée dans *E.T., l'extraterrestre*.

À peine E.T. est-il sauvé du péril, à peine reprend-il connaissance, à peine Elliott, son camarade humain, bondit-il de joie à cette nouvelle, qu'E.T. désigne le ciel d'un doigt plein d'entêtement :

« *E.T. PHONE HOME.* »

Les jours après cette visite auprès de la Boule, je commençai à avoir des appréhensions.

Je me demandai si la Boule allait rester pour toujours. Il me sembla évident que ce ne serait pas le cas.

Comme ma mère, elle allait finir par se lasser des vivants. Elle allait préférer soudain l'inertie et l'indifférence.

Tandis que moi, au contraire, je m'attachais. L'attachement, c'est sérieux.

Un soir, alors que la Boule montait, je me mis à pleurer, pour tout ce qu'elle me faisait voir.

Que fait-on quand on comprend ce qu'est l'amour, mais qu'on ne sait pas le vivre ?

Que fait-on quand on a ce ballon au fond du cœur, qui ne vibre pour personne ?

Que fait-on quand on pourrait aimer si grand que ça nous fait peur ?

Que fait-on quand quelqu'un nous demande si on a des enfants, et qu'on baisse les yeux, car on a un peu honte ?

Que fait-on quand on n'ose pas dire que pour faire des enfants, il faudrait commencer par arriver à dire qu'on a ce ballon dans le cœur. Et qu'on ne sait pas le faire.

Que fait-on quand quelque chose de doux, léger, qui monte haut, quelque chose d'immense et d'universel, est en nous, mais que personne ne le sait ?

Je trouvai encore plus de monde que d'habitude sur l'esplanade.

Peut-être avaient-ils fait comme moi, étaient-ils venus se chauffer à l'astre qui ne durerait pas. On commençait à le dire, que ça ne durerait pas. Que tout a une fin.

Ou bien s'étaient-ils passé le mot, et le point de rendez-vous devenait-il de plus en plus couru.

Ou bien des retardataires venaient-ils enfin voir de quoi il s'agissait.

Il y avait un grand pique-nique avec des nappes blanches brodées de citrons.

Celle-ci traversa toute l'esplanade, sans jeter un seul coup d'œil à l'astre.

Alors, ce n'était pas pour tout le monde ?

Si quelqu'un parlait un peu fort, on se demandait tout de suite s'il allait chanter.

Normalement, je n'aime pas les foules. Étudiante, j'avais lu cette phrase dans un roman de Max Frisch : « Il suffit d'avoir entendu une fois une foule applaudir dans un théâtre, pour savoir quoi penser de la démocratie. »

Malgré mon absence de cynisme, j'avais goûté la noirceur de cette pensée. Je répétais cette sagesse à l'envi en me donnant un air important, d'autant plus que cet auteur n'était connu que d'initiés, cela me rendait rare et subtile en même temps que lui.

Je me fis des amis, à ricaner ainsi sur ces moutons qui applaudissent parce que les autres le font.

Bien souvent, on n'est méchant que pour se faire aimer. Simplement, ce n'est pas des bonnes personnes.

Quand on parlait de sport, et particulièrement, quand on parlait de football, je lançais : « Qu'on leur donne un ballon à chacun, et qu'on en finisse ! »

Ah, celle-là, elle ridiculisait une bonne fois pour toutes les idiots qui couraient après une balle, au lieu de faire quelque chose qui aurait du sens.

En tout cas, c'est comme ça que je le voyais, et une fois que j'avais dit la phrase hilarante, même les amateurs de sport voulaient la noter. Je devais alors préciser à regret que la phrase n'était pas de moi.

Non, il ne fallait pas donner un ballon à chacun, et il ne fallait pas non plus en finir. Il fallait un ballon pour tout le monde, et que quelque chose commence.

Une douzaine d'adolescents en pleine savane, en Mauritanie. J'ai vu tant de fois le film *Timbuktu*. Abderrahmane Sissako leur fait jouer une partie de football sans le moindre ballon.

Ils jouent comme au ralenti. On ne sait pas, d'ailleurs, si c'est un ralenti ou si, juste pour la beauté du geste, chacun fait doucement ce qu'il a à faire, y compris courir.

Le ballon imaginaire passe entre leurs mains vides, ou, parfois, s'il est en l'air, non seulement ils le regardent, mais ils le voient.

Et bientôt nous le voyons aussi.

On avait proposé à Sissako : « On va tourner la partie de football avec le ballon et on le retirera ensuite, en postproduction. »

Il avait dit : « Jamais de la vie. »

Il se rappelait qu'enfant, bien évidemment, il le faisait, de jouer sans ballon. Près du terrain de football, en rentrant de l'école, s'il rencontrait un camarade...

Il se rappelait que c'était encore mieux que du football, personne ne prenait le dessus. Celui qui décidait de prendre le ballon, l'autre le laissait faire.

Il nous resterait ça, peut-être.

« Cette Boule, on va la ranger où, Mathieu ?
– Je sais pas trop. »

Un jour, quelqu'un lui avait montré que, par là-haut, depuis une fenêtre d'un de ces immeubles donnant sur les Tuileries, une femme postait des images de la vasque, et cherchait les mots pour exprimer tout ça.

« Tout ça » : tout ce qui nous arrivait.

On lui dit mon nom, il n'en crut ses oreilles.

Car, des années auparavant, novice sur Instagram, il avait jugé tendre de poster une photo de lui, enfant.

Sur sa tête de gosse, deux mèches lui faisaient de petites cornes. Le vent, sans doute. Et sur un tee-shirt gris, il portait un pull beurre frais dont le col en V était bien trop grand pour un enfant de cet âge. C'était le pull de son père.

Par hasard, cette photo était arrivée sur mon fil. J'avais trouvé l'enfant si poétique que je l'avais repostée, et lui, il avait retenu mon nom.

Il suffit bel et bien d'un fil.

Ce fut le dernier soir.

L'air avait soudain fraîchi. Et il pleuvait. Cela n'avait pas empêché les gens de venir. C'était bien trop important.

Combien étaient-ils en bas ? Cent mille, peut-être.

Et la Boule ne montait pas.

De mon poste d'observation, je voyais s'activer des opérateurs autour de la vasque, aller et venir des voiturettes. Mais les minutes passaient, les heures passaient, et rien.

C'est alors que la foule commença à appeler l'astre.

Oh, il faut sans doute avoir entendu ça une fois dans son existence. C'est probablement ce que l'on doit vivre dans les stades, à certains moments. Ou quand la ferveur monte à des concerts.

C'est libre, spontané.

Ce n'est pas la transe collective des adeptes. Ce n'est pas non plus le rendez-vous des croyants. Il n'y a pas de rite, ici, ni personne détenant une quelconque vérité, on ne veut rien vous enfoncer dans le crâne.

C'est juste un appel profond, dégoupillé, sans mot, sans syllabe. L'ovation qu'on offre à la beauté.

Moi aussi, à ma fenêtre, j'ouvris la bouche et j'appelai. Quand on ne l'a jamais fait, au début, aucun son ne sort, et il faut essayer encore.

J'appelai, de tout mon être.

À la Boule, cela ne faisait sans doute rien. Mais à eux, affairés autour d'elle en cette nuit, eux qui l'avaient imaginée, pensée, fabriquée, gonflée, retenue et hissée ? Ils ne purent résister à cet appel.

Lors de nos conversations, Mathieu Lehanneur m'avait fait comprendre que la différence entre la Boule et nous, c'était que nous, nous savions palpiter. Nous n'avions besoin d'aucun appareillage ni d'aucun hélium pour ressentir un besoin d'élévation. Ça nous poussait comme ça, par magie. La seule vraie magie, en fait.

Voilà pourquoi ce soir-là, il avait fallu à ces hommes décider pour la Boule. Malgré le vent qui augmentait le risque, ils osèrent hisser ce rêve, encore une fois.

Quand je vis qu'elle montait, je dévalai mon escalier pour aller plonger dans cette liesse.

Épilogue
par Mathieu Lehanneur

Sophie l'appelle *l'Astre*. Ou *la Boule* quand elle veut la ramener à une échelle plus humaine, sans doute pour mieux la prendre dans ses bras.

Certains l'appellent *le Ballon*, d'autres *la Vasque*. Son nom de code était *Ariane* quand, des mois durant, il fallait en parler en interne sans risquer d'éveiller le moindre soupçon sur sa silhouette finale. Je ne lui avais pas donné de nom. *Sans titre*, aurait écrit le peintre.

Je refusais de la figer dans un seul mot. Le créateur a aussi cette liberté parfois de ne pas souhaiter être le père, comme pour un enfant qui ne m'appartient pas et dont je ne veux déterminer ni l'état civil, ni même la destinée. Comme pour un enfant dont nous aurions tous, collectivement, la charge et la responsabilité.

Au fil des mois, je ne l'appelais même plus. Je disais « je vais *la* voir » et tout le monde comprenait. Je prends conscience ici que je l'avais quand même fait basculer du côté de la féminité : *elle* m'apparaissait plus naturel que *lui*.

J'allais la voir tous les soirs, au milieu du jardin des Tuileries au crépuscule du jour. Il est pourtant arrivé, pour des raisons de fatigue avancée ou de vaines tentatives d'indépendance, que je décide de ne pas y aller. Pas d'envol pour moi ce soir ! Pour maintenir haut le désir, il faut parfois se faire oublier. Mais je recevais sur mon téléphone en temps réel les prévisions des vitesses de vent, heure par heure. Présent ou non, je pouvais suivre son pouls, son état général et les probabilités d'une météo favorable et je n'y résistais pas. Je me rendais à son chevet, juste pour la regarder partir à nouveau. Techniquement, ma présence était inutile. Affectivement, je ne pouvais pas être ailleurs. La force gravitationnelle de cet astre était trop forte. C'était là que je voulais être. On cherche toujours sa place et il est rare de sentir que nous sommes là où nous voulons être absolument. Pendant vingt-trois jours, j'ai su où était ma place. Pendant vingt-trois jours, j'ai eu la conviction que je ne voulais être nulle part ailleurs. Le soleil tombait et, dans un invisible passage de relais, une autre boule s'élevait. Je n'avais besoin de rien de plus.

Je l'avais vue apparaître et se gonfler dans le secret du soir, le 14 juillet. Pendant que les yeux s'éblouissaient dans les feux d'artifice, elle s'était lentement gonflée d'un gaz magique qui rend la voix aiguë et les choses légères. Au milieu de la nuit, elle avait enfin atteint sa géométrie sphérique et définitive. Les astrophysiciens commencent à bien comprendre la mort d'une étoile mais sa naissance reste encore aujourd'hui une énigme soumise à plusieurs hypothèses.

J'ai vu la naissance d'un astre et j'ai laissé à d'autres le soin de le couver.

Table

#lisez! engagé
www.lisez.com
Pour plus d'information :
Imprimé sur du papier issu de forêts gérées durablement.

COMPOSITION ET MISE EN PAGES
NORD COMPO À VILLENEUVE-D'ASCQ
ACHEVÉ D'IMPRIMER EN OCTOBRE 2024
PAR NORMANDIE ROTO IMPRESSION S.A.S.
61250 LONRAI
N° D'ÉDITION : S14816/01 – N° D'IMPRESSION : 2404654
IMPRIMÉ EN FRANCE